8° F Pièce
4626

AF335929

LE GUIDE

DES

BOUILLEURS DE CRU

DÉPÔT LÉGAL
VIENNE
N° 199
Année 191

POITIERS

LIBRAIRIE ADMINISTRATIVE P. OUDIN

rue Saint-Pierre-le-Puellier

LE GUIDE

DES

BOUILLEURS DE CRU

BIBLIOTHÈQUE NATIONALE — R F — IMPRIMÉS

POITIERS

LIBRAIRIE ADMINISTRATIVE P. OUDIN

12, rue Saint-Pierre-le-Puellier, 12

LE GUIDE

DES

BOUILLEURS DE CRU

DÉFINITION DES BOUILLEURS DE CRU.

On entend par bouilleurs de cru les propriétaires, fermiers ou métayers qui distillent des vins, cidres, poirés, marcs, lies, cerises, prunes ou prunelles provenant exclusivement de leur récolte. Cette définition suppose donc remplies trois conditions essentielles :

1° Possession effective du sol, avec faculté d'en céder la jouissance à des fermiers, preneurs à bail, colons partiaires, métayers, le bénéfice du privilège appartenant en général à l'occupant, mais pouvant être attribué, d'après les conventions des parties, soit entièrement à l'une d'elles, soit à toutes deux, dans la proportion convenue.

2° Mise en œuvre de certaines matières limitativement désignées. La distillation de fruits, ou de tous produits naturels du sol autres que ceux spécifiés par la loi, fussent-ils récoltés par le propriétaire même, ne peut avoir lieu sous le couvert du privilège.

3° Distillation exclusive des produits de la récolte. Il en résulte que le récoltant qui a mélangé aux matières qu'il distille des produits d'achat, même en quantité minime, perd la qualité de bouilleur de cru. Il en est de même pour celui qui aura ajouté au produit de sa récolte des substances propres à en modifier la teneur alcoolique (propriétaires ayant fabriqué des vins doux naturels avec addition d'alcool, ayant sucré leurs marcs ou leurs vins). Cependant, au cas où une partie seulement des matières récoltées aurait été mélangée de matières d'achat analogues, ou modifiée quant à sa composition, l'autre partie pourrait être distillée sous le couvert du privilège. De même, le fait par un récoltant de se livrer à des opérations de sucrage soit en première, soit en seconde cuvée, n'a pas pour conséquence de lui faire perdre le droit de distiller librement les marcs de sa récolte, pourvu toutefois que ces produits n'aient subi aucune addition de sucre entre la vinification et la distillation.

On peut bénéficier du privilège des bouilleurs de cru dans toute l'étendue du territoire, tant dans le lieu même de récolte qu'ailleurs (arrêt de la Cour de Besançon du 4 mars 1903) et pour chaque propriété que l'on possède.

EN QUOI CONSISTE LE PRIVILÈGE.

Le privilège des bouilleurs de cru consiste à pouvoir distiller sans déclaration ni limitation de quantité et à pouvoir consommer l'alcool produit, en franchise du droit général de consommation, sous les réserves ci-après :

1° L'alcool doit être consommé sur place.

2° Il ne doit jamais faire l'objet de spéculations pouvant être assimilées à une vente ou un échange.

I. — En conséquence, le bouilleur qui abandonne son domicile pour aller s'établir dans un autre, ne peut pas transporter librement à sa nouvelle demeure l'alcool en sa possession en quelque lieu qu'il se trouve. Dans ce cas il doit, soit acquitter les droits, s'il ne peut justifier les avoir antérieurement payés, soit, après s'être muni d'un acquit-à-caution pour en légitimer le transport, soumettre à l'arrivée les eaux-de-vie à une prise en charge, en suite de laquelle le régime des marchands en gros lui sera appliqué, sauf le payement de la licence (art. 90, loi du 28 avril 1816). Il n'aura plus alors qu'à payer les droits sur les manquants, déduction faite des quantités représentant les diverses déperditions de magasin.

II. — D'autre part, le bouilleur ne peut, sans encourir les pénalités rigoureuses qui atteignent la vente ou la circulation illicites de l'alcool, laisser consommer de l'alcool chez lui moyennant payement, ni en enlever ou laisser enlever une quantité quelconque sans expédition.

Production des alcools de cru.

La distillation des produits de cru peut revêtir diverses modalités, suivant qu'elle s'effectue au domicile ou au dehors. Dans le dernier cas elle entraîne l'observation de quelques formalités peu importantes ainsi que l'indique le tableau ci-après.

1° Distillation à domicile ou dans la rue et en face de l'habitation, dans un espace attenant à la maison et appartenant au bouilleur.	I. *Avec un appareil appartenant au bouilleur.* Aucune formalité.	Loi du 27 février 1906.
	II. *Avec un alambic prêté par un voisin.* Lever un acquit de 0 fr. 10 pour le transport de l'alambic. (Le coût de l'acquit sera de 0 fr. 50 quand le prêteur et l'emprunteur ne demeureront pas dans la circonscription d'une même recette buraliste.)	Loi du 27 février 1906 et art. 12, loi du 17 avril 1906.
	III. *Avec un alambic de loueur patenté.* Lever un acquit de 0 fr. 50 pour le transport de l'alambic.	Art. 13, loi du 31 mars 1903.
	IV. *Avec un alambic de loueur ambulant.* Formalités à remplir par le loueur.	

2° Distillation chez un voisin (1) ou dans un local voisin de la maison d'habita-tion.	Se munir d'un acquit-à-caution pour le transport des matières premières à l'alambic et pour ramener en franchise à domicile les eaux-de-vie fabriquées. Déclarer 3 jours à l'avance la distillation ; se soumettre aux vérifications du service pendant toute la durée des opérations. Enlever l'eau-de-vie fabriquée dans les 8 jours au maximum.	Art. 15, 17. décret du 19 août 1903. Circ. 578 du 20 août 1904. Lettre autogr. n° 85 du 21 novembre 1903.
3° Distillation dans un atelier public ou privé déclaré.	Mêmes formalités que ci-dessus pour le transport des matières premières et eaux-de-vie et l'enlèvement des eaux-de-vie. Aucune déclaration à faire concernant la distillation.	id.
4° Distillation dans un atelier commu-nal agréé ou dans une brûlerie syndi-cale ou coopérative.	Lever un acquit 2 D à 0 fr. 10 pour le transport des matières premières et pour ramener en franchise l'eau-de-vie fabriquée. L'enlèvement de l'eau-de-vie ne peut avoir lieu qu'après reconnaissance du service ou, à défaut, qu'à la fin des opérations de la journée ; ce délai minimum observé, les bouilleurs peuvent retirer leurs alcools à tout instant des entrepôts annexés à ces brûleries.	Loi du 22 avril 1905, art. 14. Loi du 30 mars 1903, art. 22.

Consommation et vente des alcools de cru.

Les bouilleurs de cru qui désirent vendre à consommer sur place les produits de leur distillation doivent se munir d'une licence de débitant et acquitter les droits sur ces alcools.

La vente à emporter n'entraîne d'autres formalités que la levée d'expéditions régulières légitimant la circulation des boissons et comportant acquittement ou garantie des droits.

Le tableau d'autre part indique les conditions auxquelles peuvent s'effectuer la consommation et la vente des eaux-de-vie obtenues par les récoltants.

(1) La distillation chez le voisin n'est admise que dans les communes où, depuis longtemps, elle est d'un usage courant.

	CONSOMMATION	VENTE
I. Bouilleurs de cru ayant distillé chez eux ou ayant ramené à leur domicile le produit intégral de leur distillation, et n'ayant pas demandé pour leurs alcools le bénéfice de l'art. 10 de la loi du 17 avril 1906 (acquit blanc avec certificat d'origine).	Libre.	S'effectue sous le couvert de titres de mouvement propres aux spiritueux ordinaires, acquits ou congés suivant le cas, ou, pour les ventes en bouteilles n'excédant pas 4 litres en volume, sous couvert de vignettes modèle 171 qui comportent le payement du droit de consommation au départ et doivent être collées sur les récipients.
II. Bouilleurs de cru ayant laissé tout ou partie de leurs eaux-de-vie dans les entrepôts annexés. A. Aux ateliers communaux ou syndicaux.	Libre pour la partie ramenée au domicile.	Comme dessus pour la partie ramenée au domicile et non prise en compte. Pour les alcools entreposés, avec titres de mouvement sur papier blanc, portant certificat d'origine et, le cas échéant, appellation régionale sous réserve de l'observation des conditions auxquelles est subordonnée la délivrance de ces titres ou avec des vignettes 172 dont le prix est perçu d'avance sur 10 vignettes au moins.
B. Aux brûleries coopératives.	Libre pour la partie ramenée au domicile, après répartition proportionnelle aux apports en matières premières.	Comme au § précédent.
III. Bouilleurs ayant demandé l'ouverture d'un compte à domicile pour bénéficier de titres de mouvement sur papier blanc (portant certificat d'origine et appellation régionale).	Jusqu'à concurrence de 20 litres d'alcool pur, allocation en franchise pour consommation familiale, la portion d'allocation non employée étant reportée à la campagne suivante. Au delà, consommation taxée sous déduction des allocations ordinaires pour déchets de magasin.	Comme dessus pour les alcools entreposés, l'acquit blanc étant toutefois réservé aux seuls alcools produits sous le contrôle du service.

RESTRICTIONS AU LIBRE EXERCICE DU PRIVILÈGE DES BOUILLEURS DE CRU.

La nécessité de concilier l'exercice du privilège avec les lois et règlements qui régissent la matière des Contributions indirectes a fait édicter certaines prescriptions concernant :

1° Les bouilleurs de cru exerçant les professions de marchand en gros ou de débitant de boissons ;

2° Ceux qui distillent dans des localités sujettes aux droits d'entrée ou d'octroi.

3° Ceux qui, pour bénéficier des avantages que confère la délivrance par la Régie de titres de mouvement sur papier blanc, ont accepté la réglementation instituée par la loi du 31 mars 1903.

I. Marchands en gros et Débitants de boissons.

Ne sont assujettis aux formalités propres à chaque profession que les bouilleurs qui, soit en personne, soit par l'intermédiaire d'associés, exercent leur commerce dans le rayon fixé par le décret du 17 mars 1852, c'est-à-dire dans le canton et les communes limitrophes du canton où la distillation a été opérée. Les obligations qui leur incombent s'appliquent aussi bien à ceux qui vendent le produit de leurs récoltes qu'à ceux qui revendent des boissons d'achat.

A. Marchands en gros.

Ils sont tenus de déclarer les eaux-de-vie fabriquées et de les laisser prendre en charge (art. 97, loi du 28 avril 1816). Il n'existe donc pour eux aucune autre allocation en franchise que celle prévue par le décret du 4 décembre 1872 et l'art. 10 de la loi du 16 décembre 1897 pour déperditions de magasin.

B. Débitants.

Ils sont tenus à la déclaration des eaux-de-vie en leur possession avant de commencer leur commerce (art. 50, loi du 28 avril 1816). Relativement à celles qu'ils produiraient par la suite, ils doivent acquitter les droits immédiatement après la fabrication, à moins qu'ils ne préfèrent adopter le régime applicable aux marchands en gros. Dans ce cas, les eaux-de-vie de cru prises en charge doivent être emmagasinées dans un local séparé du débit par la voie publique.

L'Administration a, de son côté, le droit d'exiger la fermeture de l'établissement de détail pendant toute la durée de la distillation; cependant elle peut, sur la demande des intéressés, renoncer à cette faculté, moyennant telles garanties que croit devoir prendre le Directeur départemental chargé de statuer en la matière.

Les conditions habituellement imposées sont les suivantes :

1° Distillation dans le débit ou ses dépendances.	Déclaration au reg. n° 14 des matières premières mises en œuvre, de leur volume et rendement en alcool. Distillation en vase clos. Assujettissement aux visites et vérifications du service.	Circulaire 743 du 25 avril 1908. Note autogr. n° 265 du 10 mai 1909.
2° Distillation hors du débit, mais dans le rayon fixé par l'art. 20 du décret du 17 mars 1852.	Même déclaration préalable. Déclaration complémentaire au reg. 14 du *résultat* de l'opération. Distillation par les procédés ordinaires, avec assujettissement aux visites, sauf le cas de distillation en vase clos.	

Les directeurs peuvent, suivant qu'ils le jugent utile, prescrire d'autres obligations. Pour le calcul des quantités imposables, on prend pour base le produit réel de la distillation. Lorsque celle-ci n'a pas été effectuée en vases clos, si les quantités d'alcool obtenues font ressortir un excédent par rapport à l'évaluation du déclarant, cet excédent est simplement pris en charge ; s'il ressort un manquant, le service en recherche les causes et s'assure qu'il n'est pas le résultat d'une manœuvre frauduleuse, auquel cas l'autorisation de distillation pourrait être retirée, sans préjudice des sanctions pénales susceptibles d'être appliquées.

Les bouilleurs qui optent pour le régime des marchands en gros n'ont pas à payer la licence afférente à cette profession.

II. Bouilleurs de cru distillant dans des localités soumises aux droits d'entrée et d'octroi.

La franchise accordée aux bouilleurs de cru ne concernant que le droit de consommation, il en résulte que, pour la garantie des droits locaux, les formalités imposées par l'art 17 de la loi du 25 juin 1841 ont été entièrement maintenues. Les bouilleurs établis dans les agglomérations sujettes à ces taxes doivent donc : déclarer, au moins 12 heures avant la première fabrication de l'année, les espèces, quantités en poids ou volume des matières à distiller, leur rendement minimum en alcool ; l'opération terminée ils doivent, par une deuxième déclaration, faire connaître le produit réel de la distillation. Les quantités d'alcool obtenues, vérifiées par le service, seront immédiatement soumises aux taxes locales, à moins que le bouilleur ne demande l'entrepôt. Si la localité n'est soumise qu'au droit d'octroi, c'est au service d'octroi qu'il appartient de recevoir les déclarations et d'effectuer toutes les vérifications utiles.

III. Bouilleurs de cru désirant bénéficier de l'acquit blanc modèle 1903.

Les bouilleurs de cette catégorie doivent revendiquer le bénéfice de l'art. 10 de la loi du 17 avril 1906, par une déclaration expresse à la recette buraliste, soit qu'ils distillent chez eux, soit qu'ils ramènent à leur domicile les alcools fabriqués à l'atelier communal, syndical ou coopératif. Dans le premier cas, cette déclaration est reçue au reg. 1ᵉʳ bis en même temps que celle relative aux opérations de distillation proprement dites ; dans le second, elle est inscrite à la souche de l'acquit-à-caution levé pour accompagner les eaux-de-vie de la brûlerie au domicile et doit être reproduite par le receveur buraliste en marge du titre de mouvement lui-même.

Le bouilleur qui veut distiller chez lui des alcools ayant droit à l'acquit blanc doit déclarer 8 jours à l'avance à la recette buraliste :

Les numéros des alambics à utiliser ;

L'emplacement de la brûlerie ;

La date du commencement des travaux et leur durée présumée ;

Les heures pendant lesquelles la brûlerie sera chaque jour en activité ;

Les quantités d'alcool en la possession du déclarant ;

L'espèce des matières qui doivent être distillées et le lieu où elles ont été récoltées ;

Le volume et le rendement minimum par hectolitre de chaque espèce de matières à distiller (*art. 3 du décret du 19 août 1903*).

Le délai de 8 jours fixé par le décret du 19 août 1903 a été dans la pratique réduit à trois jours ; il peut encore être abrégé, si le chef de service des Contributions indirectes qui exerce la localité y consent. Il n'est rigoureusement observé que pour les bouilleurs qui demandent la coopération du service pour la fixation du rendement minimum ou qui doivent produire plus de 100 litres d'alcool pur.

Pendant toute la durée de la distillation, le déclarant reste soumis aux vérifications du service. Il doit, en outre, inscrire au fur et à mesure des opérations, sur un carnet qui lui est fourni gratuitement, la date et l'heure du commencement et celles de la fin des distillations, ainsi que la nature et la quantité des matières mises en œuvre, et, s'il s'agit de marcs, de cerises ou de prunes, à la fin de chaque journée, le volume et le degré de l'alcool obtenu. Si la durée totale de ses opérations n'excède pas 24 heures, le bouilleur, au lieu de servir ce carnet, inscrit purement et simplement le détail de ses opérations au dos de l'ampliation du reg. 1er *bis* qui lui a été remise lors de sa déclaration de fabrication (circ. 578, de 1904).

Sont dispensés de tenir le registre des mises en distillation et d'inscrire leurs opérations sur l'ampliation de la déclaration de fabrication, les bouilleurs — autres que ceux de marcs, de cerises ou de prunes — qui déclarent pour la distillation la totalité des liquides ou matières en leur possession, sauf les quantités réservées à la consommation de famille, ou qui, possédant plusieurs sortes de produits distillables, déclarent pour la distillation la totalité de l'un ou de plusieurs d'entre eux, ainsi que ceux qui, avec l'agrément de l'Administration, munissent leurs appareils de compteurs, ou adoptent un système de distillation en vase clos.

La distillation achevée, le bouilleur peut opter entre deux régimes :

Le premier consiste à expédier les alcools produits au fur et à mesure des fabrications ou aussitôt après leur achèvement, et à acquitter les droits sur la quantité restante, sous déduction d'une allocation en franchise de 10 0/0 qui ne peut être inférieure à 20 litres d'alcool pur. La situation du récoltant est ainsi liquidée.

Le second régime consiste dans l'ouverture d'un compte d'entrepôt. Les éléments de ce compte sont fournis :

1° Par les quantités fabriquées ;

2° Par les stocks déclarés.

Les premières ont seules droit à l'acquit blanc ; celles qui, constituant le stock, ont été produites en dehors du contrôle du service, doivent être isolées ou mises sous scellés de telle façon qu'elles ne puissent être confondues avec les précédentes.

Le compte est déchargé des quantités régulièrement expédiées et réglé chaque année, soit au moment de la première distillation de la campagne suivante, soit, à défaut de distil-

lation pendant cette période, 14 mois après la première distillation de la campagne pendant laquelle le compte a été
ouvert. Les manquants apparus sont immédiatement impo- .
sables, défalcation faite d'une allocation en franchise de
20 litres d'alcool pur pour consommation familiale et d'une
déduction pour déchet de magasin calculée à raison de 7 0/0
l'an sur les alcools logés dans des fûts en bois et de 3 0/0 sur
ceux renfermés dans des récipients d'autre nature.

L'allocation familiale de 20 litres est attribuée annuelle-
ment, c'est-à-dire pour chaque campagne, qu'il ait ou non
été procédé à des distillations, et la quantité non employée
lors du récolement annuel est reportée pour mémoire au
compte de la campagne suivante.

RÉCOLTANTS DISTILLANT DES MATIÈRES D'ACHAT OU NON PRÉVUES PAR LA LÉGISLATION DES BOUILLEURS DE CRU ET NON RÉCOLTANTS.

Les bouilleurs qui mettent des œuvres des fruits ou ven-
danges d'achat ne peuvent revendiquer la qualité de bouilleurs de cru.

Lorsqu'ils distillent ces matières, soit isolément, soit après
les avoir mélangées aux produits de leur sol, ils sont entièrement assimilés aux bouilleurs de profession. La seule obligation dont ils peuvent être exemptés est le payement d'une
licence au cas où, ne procédant qu'à une seule opération
dans l'année, le produit de leur distillation n'atteint pas
5 litres d'alcool pur et est exclusivement réservé à leur consommation personnelle.

Mais toutes les eaux de-vie en leur possession doivent être
imposées, sauf justification du payement antérieur des droits.

Dans un cas cependant il leur serait loisible de profiter
pour les produits de leur sol du privilège des bouilleurs ;
ce serait celui où, distillant au préalable leurs produits

d'achat, ils ne mettraient en œuvre leurs propres récoltes qu'après avoir liquidé leur situation comme bouilleurs de profession.

Le tableau ci-après résume leurs obligations :

Bouilleurs de profession et acheteurs de fruits ou vendanges	A. distillant chez eux		Déclaration à la recette buraliste et 15 jours à l'avance des jour et heure du commencement des travaux, régime de la brûlerie ; indication exacte des produits à distiller et de leur rendement minimum en alcool (registre 1er). Déclaration de profession au reg. 16 (licences) énonçant les quantités d'alcool en la possession du bouilleur.	Décret du 15 avril 1881, art. 10-11. Loi du 28 avril 1816, art. 138-141.
	B. distillant hors de chez eux	chez un bouilleur exercé	Les déclarations ci-dessus énumérées sont faites par le bouilleur chargé des opérations de distillation. Les matières premières doivent être conduites à l'alambic en vertu d'un acquit-à-caution de 0 fr. 50 s'il s'agit de vins, cidres, poirés, ou s'il s'agit de marcs avec un laissez-passer 3 D à 0 fr. 10. Les eaux-de-vie sont ramenées au domicile avec congé ou acquit suivant le cas.	Décret du 15 avril 1881. Loi du 6 août 1905, art. 8.
		dans un atelier public	Mêmes formalités que ci-dessus pour la circulation des matières premières et eaux-de-vie, l'exploitant d'atelier devant prendre la position de bouilleur de profession.	
Non-récoltants distillant à titre exceptionnel des matières premières ne produisant pas plus de 5 litres d'alcool pur destinés à leur consommation personnelle.			Même régime que ci-dessus avec exemption de la licence ; mais obligation d'acquitter les droits sur l'alcool produit dès la fin de la distillation.	Décision ministérielle du 28 janvier 1902.

Les mêmes règles sont applicables aux producteurs qui mettent en œuvre des fruits de leur récolte autres que ceux prévus par la législation des bouilleurs de cru.

OBLIGATIONS INCOMBANT AUX PERSONNES QUI DISTILLENT POUR LE COMPTE DES BOUILLEURS.

1° Loueurs d'alambics ambulants.

Ils sont soumis à deux catégories d'obligations concernant: les unes la circulation des alambics, les autres la marche de leurs opérations :

Aux termes des art. 33 et 34 du décret du 15 avril 1881, 11 de la loi du 29 décembre 1900 et 16 de celle du 3f mars 1903, ils doivent :

Au départ, déclarer à la recette buraliste 48 heures à l'avance la mise en circulation de leurs alambics et se munir, pour chacun d'eux, d'un laissez-passer ou permis de circulation n° 10, indiquant : le numéro de poinçonnement de l'appareil, sa capacité, le jour où commencera et celui où finira son déplacement et les communes où il devra être conduit. Ce permis est valable pour un mois, dans la circonscription de la recette buraliste d'où il émane. En cas de passage dans une autre circonscription de recette buraliste, le loueur doit se munir d'un nouveau laissez passer au point de départ, pour la durée du trajet jusqu'au lieu de destination, en désignant le point où l'alambic sera déposé (la circonscription d'une recette buraliste s'étend à la commune entière lorsque celle-ci comprend plusieurs bureaux de Régie). Au laissez-passer se substitue l'acquit-à-caution du coût de 0 fr. 50, lorsque la circulation de l'alambic n'a plus pour objet la distillation ambulante.

A l'arrivée, le bouilleur doit déclarer dans chaque commune, et dès qu'il y est rendu : les noms et domiciles des personnes chez lesquelles il doit distiller, la date à laquelle commenceront les travaux. Cette déclaration qui peut, pendant la durée du séjour du loueur dans la commune, être modifiée par des déclarations nouvelles, est reçue au bureau désigné à cet effet par la Régie.

Distillation. — Sur un carnet (n° 10 *ter*) qui lui est remis par le service des Contributions indirectes, le loueur consigne les jour, heure et lieu où commence et s'achève chacune de ses opérations, les quantités et espèces de matières mises en œuvre et leur produit en alcool à la fin de la journée. Une ampliation de ce carnet, signée de lui, doit être déposée, aussitôt après l'achèvement des travaux chez chaque bouilleur de cru, au bureau de la Régie où la déclaration de séjour a été reçue.

2° Gérants d'ateliers publics ou privés déclarés, d'ateliers communaux et de brûleries syndicales ou coopératives.

Les obligations qui leur incombent sont résumées au tableau ci-après.

	ATELIERS DÉCLARÉS (publics ou privés)	ATELIERS COMMUNAUX agréés	BRULERIES SYNDICALES ET COOPÉRATIVES
	1	2	3
Déclarations préalables à l'ouverture de l'atelier.	Déclaration écrite faite 8 jours à l'avance, au chef de service des contributions indirectes énonçant : 1º La situation du local ou de l'emplacement ; 2º Numéro de poinçonnement des appareils ; 3º Les jour et heure du commencement des travanx et leur durée approximative.	Tout bouilleur peut, en se conformant au régime fixé pour chaque atelier, s'y installer et distiller avec ses alambics soit pour son compte, soit pour le compte d'autrui. En ce dernier cas, il serait assimilé aux loueurs ambulants qui peuvent, eux aussi, s'y installer sans autre formalité que la déclaration réglementaire au reg. 10 A.	Production par le gérant ou délégué des pièces ci-après : 1º Justification de la constitution régulière de l'association qui est : Pour les *syndicats*, la copie certifiée du récépissé délivré par le maire de la commune où a été effectué le dépôt des statuts et de la liste des noms des administrateurs ou directeurs ; pour les *coopératives*, la copie du contrat de société ; 2° Les statuts ; 3° La liste des membres du syndicat ou de l'association indiquant les noms, prénoms, domiciles des adhérents avec la date de leur admission ; 4° Un plan intérieur avec légende permettant de s'assurer que le local proposé remplit bien les conditions d'isolement et d'agencement requises ; 5° Une copie certifiée de la délibération du Conseil d'Administration lui attribuant la qualité de gérant. Enfin déclaration d'ouverture comme col. 1, le local étant agréé.

	ATELIERS DÉCLARÉS (publics ou privés) 1	ATELIERS COMMUNAUX agréés 2	BRULERIES SYNDICALES ET COOPÉRATIVES 3
Conditions requises pour l'ouverture du local.	L'atelier ne peut avoir aucune communication intérieure avec des locaux non occupés par l'exploitant ou dans lesquels celui-ci détiendrait soit des matières susceptibles d'être distillées, soit des liquides fermentés.	L'emplacement de l'atelier est fixé par le directeur départemental des contributions indirectes après avis du conseil municipal.	L'autorisation de fonctionnement n'est accordée par le directeur des Contributions indirectes qu'après qu'un inspecteur a vérifié si les installations réunissent les conditions d'isolement et d'agencement prescrites.
Formalités et obligations imposées pour le contrôle des opérations.	L'installation doit être contrôlée par le service de la Régie avant le commencement des travaux ; elle devrait, le cas échéant, satisfaire aux prescriptions des autorités municipales touchant leur emplacement. Assujettissement aux visites du service ; obligation d'assister aux vérifications ou de s'y faire représenter, de fournir la main-d'œuvre et les ustensiles nécessaires à ces vérifications. Enfin, si en raison de l'importance des opérations, le directeur départemental croit devoir l'exiger, l'obligation de fournir caution. La distillation ne peut avoir lieu que pendant les jours et heures fixés par le service. Inscription sur un registre coté et paraphé par le juge de paix, et dont le modèle est donné par l Administration :	Les ateliers ne peuvent avoir aucune communication intérieure avec les bâtiments voisins. Comme ci-contre. Comme ci-contre. Comme ci-contre, y compris la faculté pour les bouil-	Comme ci-contre. Comme ci-contre (sauf caution) avec obligation, le cas échéant, de représenter les registres et comptes relatifs aux opérations de distillation. . . . .

Formalités et obligations imposées pour le contrôle des opérations.	1° Des nom et adresse de chaque récoltant ; 2° Des quantités et espèces de matières premières par lui apportées ; 3° De leur rendement minimum en alcool. 4° De l'analyse des acquits ayant accompagné les matières premières ; 5° Des jour et heure de la mise en distillation ; 6° Des quantités versées dans l'alambic ; 7° Des résultats de la distillation ou, si celle-ci dure plus d'un jour pour le même récoltant, du total des spiritueux fabriqués à la fin de chaque journée ; 8° De l'analyse des expéditions ayant servi à ramener l'alcool à domicile. Enfin remise à la recette buraliste d'une ampliation dudit registre, dès le lendemain de l'achèvement des travaux pour le compte de chaque récoltant. Les loueurs ambulants qui s'installent sur un emplacement public peuvent être admis, sur autorisation du directeur, à tenir le seul registre 10 *ter* au lieu du registre visé ci-dessus.	leurs ambulants opérant à l'atelier communal de tenir le seul registre 10 *ter*, au lieu du registre imposé aux gérants d'ateliers déclarés, si le directeur départemental l'autorise.	Comme ci-contre, obligations 1° à 4° et 8°. Les acquits servant à ramener l'eau-de-vie au domicile des ayants droit sont soumissionnés par le gérant ou délégué. Les gérants ou délégués sont dispensés de l'obligation de remettre à la recette buraliste une ampliation de leur registre concernant les produits de la distillation pour le compte de chaque récoltant.
Conditions spéciales à l'emmagasinement (A) dans l'atelier de distillation } des matières premières.	Les matières premières apportées doivent : 1° Etre séparées pour chaque récoltant de façon que l'on puisse les reconnaître distinctement ; 2° Etre distillées séparément ; 3° Etre passées à l'alambic dans les 8 jours de la réception.	Mêmes obligations que ci-contre, sauf la faculté de mélanger entre elles les matières premières appartenant	Mêmes obligations qu'à la col. 1 pour les brûleries *syndicales*. Dans les brûleries *coopératives*, les matières apportées par les adhérents peuvent être mélangées et livrées

Conditions spéciales à l'emmagasinement		ATELIERS DÉCLARÉS (publics ou privés) 1	ATELIERS COMMUNAUX agréés 2	BRULERIES SYNDICALES ET COOPÉRATIVES 3
(A) dans l'atelier de distillation	des matières premières.	Les acquits qui en ont légitimé le transport à l'atelier doivent être conservés par l'exploitant pour être remis aux agents des contributions indirectes.	à plusieurs récoltants si l'ensemble de ces matières donne une quantité inférieure à 20 litres d'alcool pur.	ensemble à la distillation, le partage des alcools étant fait au prorata des apports. Pour le reste, comme col. 1.
	des eaux-de-vie fabriquées	Les eaux-de-vie produites ne peuvent séjourner dans l'atelier plus de 8 jours après leur fabrication. Pendant la période qui précède leur enlèvement, elles doivent être emmagasinées séparément pour chaque récoltant et étiquetées de manière à pouvoir être reconnues facilement.	Les eaux-de-vie doivent être enlevées de l'atelier dans les mêmes conditions que ci-contre et transportées soit chez le récoltant, soit à l'entrepôt annexé à la brûlerie.	Aucun délai n'est imposé aux bouilleurs pour le retrait de leurs eaux-de-vie (art. 22, § 2, loi du 31 mars 1903).
(B) dans l'entrepôt annexé à la brûlerie	eaux-de-vie	. . . .	Les exploitants peuvent gérer l'entrepôt annexé à la brûlerie. Ils sont exonérés de la licence, et le plus souvent du cautionnement s'ils ne détiennent que les alcools des bouilleurs de cru et si les stocks sont peu importants.	L'entrepôt peut être situé dans le même local que la brûlerie. — Tous les membres d'une même association sont solidairement responsables des infractions et des droits sur les manquants, à moins qu'en vertu de l'art. 18 de la loi du 22 avril 1905, ils ne désignent deux de leurs membres pour les représenter vis-à-vis du fisc. L'association est exonérée de la licence tant qu'elle ne vend que le produit de la distillation des récoltes de *ses membres* effectuée en commun ou isolément. Elle peut être assujettie au cautionnement si les opérations sont très importantes.

OBLIGATIONS DES DÉTENTEURS D'ALAMBICS.

La loi du 27 février 1906, qui a rétabli le privilège des bouilleurs de cru, n'ayant pas abrogé les dispositions de celles du 29 décembre 1900 et du 31 mars 1903, qui ont trait à la réglementation des alambics, il en résulte que tout détenteur d'appareils à distiller doit :

1° Dans les 5 jours de la réception, faire à la recette buraliste une déclaration de possession, dans laquelle il décrira les caractéristiques des appareils ;

2° Soumettre les alambics à la formalité du poinçonnement;

3° Les représenter à toute réquisition du service de la Régie.

La formalité du scellement et du descellement est restée, d'une manière générale, toujours en vigueur. Toutefois, l'Administration considère que, pour les récoltants, cette formalité se trouve pratiquement supprimée.

Cependant, ceux-ci, dans les localités soumises aux droits d'entrée ou d'octroi, sont tenus de faire replacer les appareils sous scellés dès que les opérations pour lesquelles ils en ont requis le descellement sont achevées; mais s'ils veulent ultérieurement être dispensés des visites, ils peuvent déposer les alambics dans un local agréé par l'Administration.

Loueurs ambulants.

Les loueurs ambulants sont soumis en tous lieux à la formalité du scellement, dès qu'ils interrompent leurs opérations d'une manière prolongée ; s'ils ne le requièrent pas, le service de la Régie peut le leur imposer dès la réintégration des appareils à leur domicile ordinaire.

Bouilleurs de cru contrôlés (même obligation que ci-dessus.)

Alambics empruntés.

Les personnes ayant momentanément recours à l'appareil d'un voisin doivent, dès qu'ils l'ont reçu, porter à la recette buraliste l'acquit ayant légitimé le transport. Après inscription de ce titre de mouvement au registre n° 8, le déclarant reçoit l'acquit annoté du jour de la présentation et le remet aux employés des Contributions indirectes qui le retirent à domicile au cours de leurs tournées.

Bouilleurs de cru convaincus de fraude.

Le scellement des alambics peut être imposé aux bouilleurs de cru, en tous lieux, quand ils auront été convaincus de fraude sur les alcools, indépendamment de toutes autres pénalités dont ils pourraient être frappés (circ. 743, du 25 avril 1908).

PÉNALITÉS.

Les contraventions aux dispositions demeurant en vigueur de la loi du 31 mars 1903, soit en matière de distillation, soit en matière de détention et de circulation d'alambics, sont punies des peines énumérées à l'art. 14 de la loi du 29 décembre 1900, c'est-à-dire :

1° De la saisie des boissons et des appareils à distiller ;

2° Du payement des droits fraudés ;

3° D'une amende de 500 à 5000 francs qui, dans les villes sujettes, s'augmente d'une ou deux amendes de 100 à 200 fr. concernant respectivement les droits d'entrée et d'octroi ;

4° Du quintuple droit de consommation sur les alcools produits, détenus ou transportés en fraude.

Les contraventions commises par les loueurs d'alambics peuvent comporter, en outre, le retrait du permis de circulation pendant 6 mois et pendant 1 an en cas de récidive, ainsi que le scellement immédiat des alambics.

LIBRAIRIE ADMINISTRATIVE P. OUDIN

12, RUE SAINT-PIERRE-LE-PUELLIER, 12, A POITIERS

BIBLIOTHÈQUE DES EMPLOYÉS DES CONTRIBUTIONS INDIRECTES

ANNUAIRE DE L'ADMIN. DES CONTRIBUTIONS INDIRECTES. 1 vol. gr. in-8°.

JOURNAL DES CONTRIB. IND. Hebdomadaire.

RECUEIL CHRON. DES LOIS ET INSTRUCT. DES CONTRIB. IND., DES TABACS ET DES OCTROIS. 11 vol.

RECUEIL GÉNÉRAL DES LOIS, DÉCRETS ET ORDONNANCES concernant les Contributions indirectes et les Octrois, de 1790 à 1910, annoté de la Jurisprudence des tribunaux et des interprétations administr., 2 vol. in-8°.

TABLE ANALYTIQUE DE JUGEMENTS ET ARRÊTS rendus en matière de Contributions indirectes. 2 vol. grand in-8°.

RECUEIL DE JURISPRUDENCE de 1901 à 1905. 1 vol. grand in-8°.

DICTIONNAIRE GÉNÉRAL ou Manuel alphabétique des Contrib. indir., des Octrois et des Manufact. de l'Etat. Un vol. in-4°, avec suppléments.

COLLECTION DE COMPTABILITÉ. 2 vol. in-8°.

COURS DE COMPTABILITÉ. 1 vol. gr. in-8°.

COURS DU CONTENTIEUX. 2 vol. in-8°.

MANUEL ENCYCLOPÉDIQUE DES CONTRIBUTIONS INDIRECTES ET DES OCTROIS. 1 fort vol. in-8°.

GUIDE PRATIQUE pour la rédaction des procès-verbaux et la tenue du contentieux. 1 vol. in-8°.

MANUEL DES VERBALISANTS, 1 vol. de poche avec reliure souple.

TRAITÉ DE JURISPRUDENCE GÉNÉRALE en matière de Contributions indir. 2 vol. in-8°.

TRAITÉ DES DROITS ET OBLIGATIONS DU COMMERCE DES LIQUIDES. 1 vol. in-8°.

MANUEL DU RECEVEUR BURALISTE. 1 v. in-8°.

MANUEL THÉORIQUE ET PRATIQUE DES ACQ.-A-CAUTION. 1 vol. gr. in-8°.

MANUEL DU SERVICE DES SUCRES. 1 vol. gr. in-8°. *Nouvelle édition.*

RÈGLES relatives à la détention et à la vente du sucre destiné à la vinification. 1 br. gr. in-8°.

MANUEL DES DISTILLERIES. *Règlement A et A bis.* 1 vol. in-8°.

MANUEL DES DISTILLERIES. *Règlement B.* 1 vol. in-8°.

BOISSONS FERMENTÉES, ALCOOLS ET VINAIGRES (Notions élémentaires). 1 v. gr. in-8°.

INDUSTRIES AGRICOLES (les), brasserie, sucrerie, distillerie. 1 vol. gr. in-8°.

MANUEL DE PRÉPARATION AU CONCOURS POUR LE SURNUMÉRARIAT DES CONTRIBUTIONS INDIRECTES. 1 vol. gr. in-8°.

MANUEL SCIENTIFIQUE, à l'usage des aspirants au surnumérariat des contributions indirectes. 1 vol. gr. in-8°.

NOTIONS D'ÉCONOMIE POLITIQUE, D'INSTRUCTION CIVIQUE ET DE DROIT CIVIL. 1 vol. in-8°.

LES PRÉPOSÉS des Contributions indirectes, 1 vol. in-8°.

CONCOURS (les) pour l'accès aux grades supérieurs dans les Contr. ind. 1 vol. in-8°.

MANUEL DES BRASSERIES. 1 vol. gr. in-8°.

LE NOUVEAU RÉGIME DES BIÈRES, une brochure gr. in-8°.

TRAITÉ DU PRIVILÈGE DE L'ADMINISTRATION DES CONTRIBUTIONS INDIRECTES, en matière de recouvrements de droits. 1 fort vol. in-8°.

LES CONTRIB. DIVERSES ET LES CONTRIB. DIRECTES EN ALGÉRIE. Brochure gr. in-8°.

TARIFS DES DROITS DE CIRCULATION, DE CONSOMMAT. ET DE DÉTAIL. Broch. in-8°.

SPIRITUEUX. Barèmes indiquant : 1° les volumes correspondant aux poids ; 2° la quantité d'alcool pur. 1 br. in-8°.

GUIDE PRATIQUE D'ALCOOMÉTRIE. 1 vol. in-16.

LA CLEF DU CALCUL DES DÉDUCTIONS OU THÉORIE ET PRATIQUE DU 50 D. 1 vol. grand in-8°.

DÉCOMPTE DES REMISES AUX BURALISTES. 1 br. in-8°.

ALCOOLS DÉNATURÉS (le régime des) au point de vue de l'impôt. 1 vol. in-8°.

LES VOITURES PUBLIQUES (règlements et tarifs). 1 vol. gr. in-8°.

CATALOGUE MÉTHOD. DES CIRCUL. ET INSTRUCT. DE L'ADMINIST. Br. gr. in-8° avec sup.

RÉPERTOIRE DES MODÈLES DE L'ADMINISTRATION. Broch. gr. in-8°.

CARNET DE RECENSEMENTS. 1 vol. in-12.

NOUVEAU LIVRET DE RECENSEMENTS, ou vade-mecum du jaugeur, 1 vol. in-16.

TRAITÉ MÉTHODIQUE ET PRATIQUE DU JAUGEAGE. Broch. in-12.

RECENSEMENTS ET DÉDUCTIONS.—Nouveau carnet de recensements et de déductions, contenant: 1° des comptes faits pour les recensements ; 2° le tableau des déductions allouées aux marchands en gros ; 3° un traité de jaugeage. 1 vol. in-32 très portatif, avec rel. souple.

PETIT MANUEL PRATIQUE DES OCTROIS. 1 vol. in-12. *Nouvelle édition.*

CARNET DE GARANTIE contenant la nomenclature avec dessins de poinçons.

LA GARANTIE FRANÇAISE ET SES POINÇONS de 1260 à nos jours. 1 beau vol. in-8.

QUELLE CARRIÈRE, QUELLE ECOLE CHOISIR ? 1 vol. in-8°.

EXPOSÉ ORGANIQUE DU SERVICE DE LA CONTRE-PARTIE AU HAVRE. 1 piq. in-8°.

CLEF DE L'ORTHOGRAPHE selon l'Académie. 1 vol. in-18.

REGISTRES à l'usage des marchands en gros de boissons, des distillateurs, des fabricants et dépositaires de sucres et d'alcool dénaturé, des brasseurs, etc., instruments d'alcoométrie, jauges, etc. — Envoi du catalogue sur demande.

LOI SUR L'IVRESSE PUBLIQUE.

La librairie P. Oudin se charge spécialement de l'édition des ouvrages relatifs à toutes les administrations, soit en les *publiant à son compte,* soit en les *vendant au compte des auteurs,* soit simplement en les *imprimant à leur compte.* Publicité spéciale permettant de procurer aux ouvrages leur maximum de diffusion.

www.ingramcontent.com/pod-product-compliance
Lightning Source LLC
LaVergne TN
LVHW010121060726
842524LV00005B/1648